아빠표
영어구구단
+파닉스

10
의문문

3단~5단, 8단을 충분히 익히지 않고
10단을 나가면 익히기 어렵습니다.

내용이 많으므로 1~9단보다
3~5배의 시간 동안 반복해서 익혀주세요.

★ 시작하기 전에

행동이 궁금할 때는 문장 앞에 do를 쓰고,
상태나 모습이 궁금할 때는
be동사(are/is/am)를 쓰는 것을 알려주시고,
너는 주니?는 Do you give?임을,
너는 행복하니?는 Are you happy?를
하루~일주일간 반복해서 물어보세요.

예시) '너는 주니'는?
　　 Do you give? (두 유 기브)
　　 '너는 행복하니'는?
　　 Are you happy? (얼 유 해피)

아빠표 영어 구구단으로
가르치시고 배우시는 분들께
진심으로 감사드립니다.

Miklish.com

²너는 한 열쇠를 준다.

You give a key.

3 주는 행동은 문장 앞에 'do'를 쓰면 묻는 문장이 돼. '너는 한 열쇠를 주니'는 Do you give a key야. (따라 해봐 Do you give a key?)

⁴너는 한 열쇠를 주니?

'Do you~'로 시작해서 물어볼 때는 끝부분(a key)을 올려서 읽어야 해.

대답은 Yes, I do.

Do you give a key?

1'밥'이 뭐였지? (rice)

2너는 밥을 먹는다.

You eat rice.

Do you~   Do they~   Does she~   Do/Does+문장   Be+문장   Where+do+문장   Where+be+문장

³너는 밥을 먹니?

'Do you~'로 시작해서 물어볼 때는 끝부분(rice)을 올려서 읽어야 해.

대답은 Yes, I do.

Do you eat rice?

1 '나는'이 I이면, '나를'은 뭐였지? (me)

²너는 나를 좋아한다.

You like me.

Do you~   Do they~   Does she~   Do/Does+문장   Be+문장   Where+do+문장   Where+be+문장

³너는 나를 좋아하니?

대답은 Yes, I do.

Do you like me?

1'고통'이 뭐였지? (pain)

²그들은 고통을 느낀다.

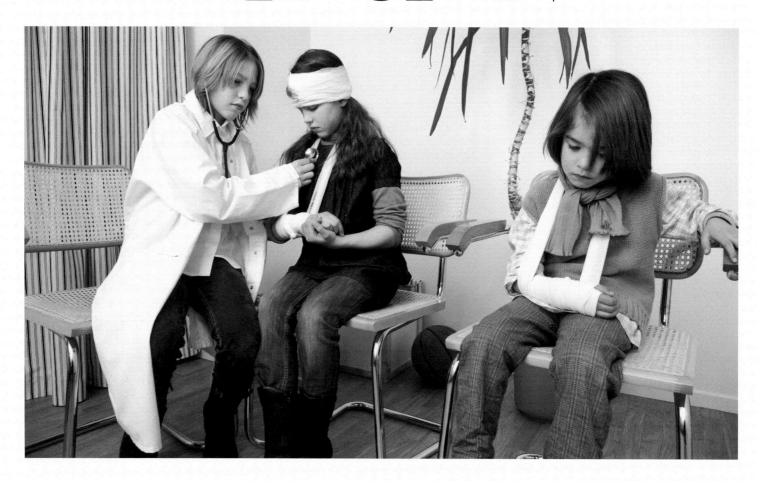

They feel pain.

³그들은 고통을 느끼니?

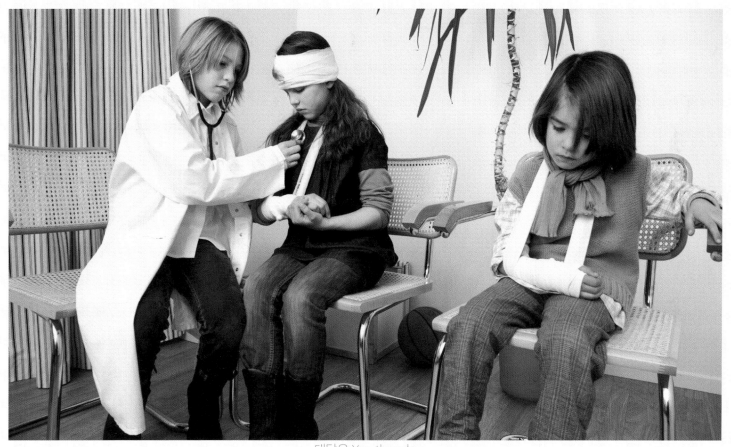

대답은 Yes, they do.

Do they feel pain?

1 그녀는 원한다는? (She wants)

²그녀는 그 열쇠를 원한다.

She wants the key.

3 그녀일 때 want가 wants로 변한 것처럼, 물어볼 때는 do를 does로 바꿔야 해. 대신 wants를 안 쓰고 want를 써야 하고. (따라해 봐 Does she want the key?)

⁴그녀는 그 열쇠를 원하니?

대답은 Yes, she does.

Does she want the key?

1 '나는 나의 친구를 돕는다'는? (I help my friend.)

²나는 나의 친구를 돕니?

대답은 Yes, I do.

Do I help my friend?

Do you~   Do they~   Does she~   Do/Does+문장   Be+문장   Where+do+문장   Where+be+문장

^{2}그는 고통을 느끼니?

대답은 Yes, he does.

Does he feel pain?

1 '그들은 그 길을 닫는다'는? (They close the road.)

²그들은 그 길을 닫니?

대답은 Yes, they do.

Do they close the road?

² 그녀는 빨간색을 좋아하니?

대답은 Yes, she does.

Does she like red?

1 '그들은 그 파티를 시작한다'는? (They start the party.)

²그들은 그 파티를 시작하니?

대답은 Yes, they do.

Do they start the party?

Do you~   Do they~   Does she~   Do/Does+문장   Be+문장   Where+do+문장   Where+be+문장

²그녀는 그 팔을 만드니?

arm은 모음(a)으로 시작하니까 the(더)가 잘 안들릴 수 있어. 더 잘들리게 하기 위해서 '디'로 읽어. the arm은 '디 앎'으로 읽어.

대답은 Yes, she does.

Does she make the arm?

1 '출구(나가는 곳)'는 exit이야. (따라 해봐 exit)
2 '너는 그 출구를 안다'는? (You know the exit.)

³너는 그 출구를 아니?

대답은 Yes, I do. 받침x: 받침ㄱ과 초성ㅆ 또는 초성ㅈ을 포함한다.

Do you know the exit?

1 '실로폰'은 xylophone이야. (따라 해봐 xylophone)
2 연주하는 것은 노는 것의 종류라서 play를 써. (따라 해봐 play)
3 '그녀는 연주한다'는?. (She plays)
4 '그녀는 그 실로폰을 연주한다'는? (She plays the xylophone.)

⁵ 그녀는 그 실로폰을 연주하니?

대답은 Yes, he does. 초성x: z로 소리낸다. z는 ㅈ보다 코와 목을 훨씬 많이 울려서 소리 낸다.

Does she play the xylophone?

Why+문장　　　When+문장　　　How+문장　　　What+문장　　　What/Who+문장　　　Who+will+문장　　21

¹나는 행복하다.

I'm happy.

Do you~   Do they~   Does she~   Do/Does+문장   Be+문장   Where+do+문장   Where+be+문장

²나는 행복하니?

be동사(여기서는 am)가 do역할을 하므로 be동사를 I 앞에 쓰면 물어보는 문장이 돼.

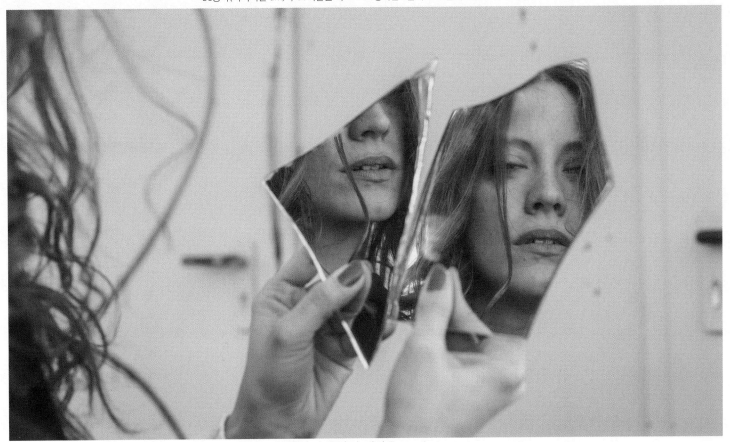

행복하지 않다면 대답은 No, I'm not.

Am I happy?

¹너는 슬프다.

You're sad.

Do you~   Do they~   Does she~   Do/Does+문장   Be+문장   Where+do+문장   Where+be+문장

²너는 슬프니?

be동사(여기서는 are)로 시작해서 물어볼 때는 끝부분(sad)을 올려서 읽어야 해.

대답은 Yes, I am.

Are you sad?

¹그녀는 늙었다.

She's old.

²그녀는 늙었니?

대답은 No, she isn't. '그녀는 젊다(어리다)'라고 하려면 She's young.

Is she old?

¹그것은 옳다.

It's right.

Do you~　　Do they~　　Does she~　　Do/Does+문장　　Be+문장　　Where+do+문장　　Where+be+문장

² 그것은 옳으니?

대답은 No, it isn't. '그것(정답)은 4이어야 한다'고 하려면 It should be four.

Is it right?

¹그것들은 틀리다.

they는 사람일 수도 있지만, 물건일 수도 있어. 사람일 때는 '그들은'이고, 물건일 때는 '그것들은'이야.

They're wrong.

Do you~   Do they~   Does she~   Do/Does+문장   Be+문장   Where+do+문장   Where+be+문장

²그것들은 틀리니?

대답은 Yes, they are.

Are they wrong?

[1]그는 한 왕이다.

He's a king.

Do you~   Do they~   Does she~   Do/Does+문장   Be+문장   Where+do+문장   Where+be+문장

²그녀는 한 여왕이니?

여왕이 맞다면 대답은 Yes, she is.

Is she a queen?

¹그들은 의사들이다.

They're doctors.

² 그들은 의사들이니?

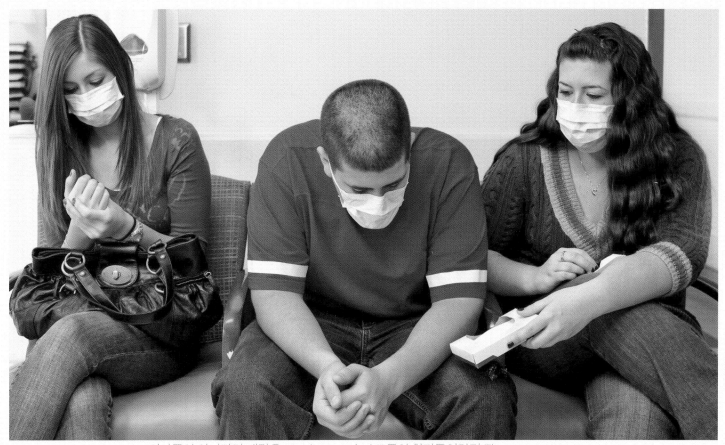

의사들이 아니라면 대답은 No, they aren't. / 그들이 환자들이라면 They are patients.

Are they doctors?

1 '10시이다'는 It's ten이야. (따라 해봐)

²그것은 10시이다.

시간은 time인데 시간을 물어보는지 서로 알고 있으니까 time 대신 it을 써. The time is ten이라고는 잘 안 해.

It's ten.

³그것은 10시니?

대답은 No, it isn't. '10시 30분'이라면 It's ten thirty.

Is it ten?

1 '너는 밥을 먹는다'는 (You eat rice.)
2 '너는 밥을 먹니?' (Do you eat rice?): 이 단계를 충분히 연습하고 3~5번 단계를 나가주세요.
3 '어디에서'는 where이야. (따라 해봐)
4 '어디에서 너는 밥을 먹니?'는 Where do you eat rice?야. (따라 해봐)

⁵어디에서 / 너는 밥을 먹니?

wh-(여기서는 where)로 시작해서 물어보는 문장은 끝부분(rice)을 올리지 않고 말해야 해. 올려 말하지 않아도 묻는 문장인 것을 쉽게 알 수 있으니까.

대답은 in the house. 또는 in the kitchen.

Where / do you eat rice?

1 '그 남자는 앉는다'는? (The man sits.)
2 '그 남자는 앉니?'는? (Does the man sit?)

³어디에서 / 그 남자는 앉니?

대답은 on the chair.

Where / does the man sit?

1 '그들은 머문다'는? (They stay.)
2 '그들은 머무니?'는? (Do they stay?)

³어디에서 / 그들은 머무니?

대답은 in the hotel.

Where / do they stay?

Do you~   Do they~   Does she~   Do/Does+문장   Be+문장   Where+do+문장   Where+be+문장

³어디에서 / 그는 고통을 느끼니?

대답은 on his leg (다리 표면), 또는 in his leg (다리 안쪽).

Where / does he feel pain?

1 '어디에 그 열쇠들이 있니?'는 where are the keys야. (따라 해봐)

²어디에 그 열쇠들이 있니?

Keys are 다음에 장소가 나와야 하는데, 어떤 장소인지 모르기 때문에 궁금한 장소를 where로 쓴 거야.

대답은 on the table.

Where are the keys?

　Do you~　　Do they~　　Does she~　　Do/Does+문장　　Be+문장　　Where+do+문장　　Where+be+문장

어디에 그 개가 있니?

대답은 in the cup.

Where is the dog?

어디에 그 의사들이 있니?

대답은 in the hospital.

Where are the doctors?

어디에 그 왕이 있니?

대답은 on the chair.

Where is the king?

1 봉투가 영어로 뭐였지? (envelope)
2 '나는 그 봉투가 필요하다'는? (I need the envelope.)
3 '나는 그 봉투가 필요하니?'는? (Do I need the envelope?)
4 이유를 물어보는 '왜'는 why야. (따라 해봐 Why do I need the envelope?)

⁴왜 / 나는 그 봉투가 필요하니?

wh-(여기서는 why)로 시작해서 물어보는 문장은 끝부분(envelope)을 올리지 않고 말해야 해. 올려 말하지 않아도 묻는 문장인 것을 쉽게 알 수 있으니까.

대답은 to send the letter.

Why / do I need the envelope?

1 '너는 슬프다'는? (You're sad.)
2 '너는 슬프니'는? (Are you sad?)

³왜 / 너는 슬프니?

대답은 because she fell down from the bike.

Why / are you sad?

1 '그들은 그 파티를 시작한다'는? (They start the party.)
2 '그들은 그 파티를 시작하니?'는? (Do they start the party?)
3 때(시간)가 궁금할 때 쓰는 '언제'는 when이야. (따라 해봐 When do they start the party?)

⁴언제 / 그들은 그 파티를 시작하니?

wh-(여기서는 when)로 시작해서 물어보는 문장은 끝부분(party)을 올리지 않고 말해야 해. 그래도 묻는 문장인 것을 쉽게 알 수 있으니까.

대답은 on the birthday

When / do they start the party?

1 '그들은 그 시간을 좋아한다'는? (They like the time.)
2 '그들은 그 시간을 좋아하니?'는? (Do they like the time?)

³언제 / 그들은 그 시간을 좋아하니?

속뜻은 시간을 좋아한다기보다 '함께한 시간'을 좋아한다는 뜻이야. 원어민들이 자주 쓰는 자연스러운 표현은 아니야.

대답은 at ten seven

When / do they like the time?

1 '그녀는 그 팔을 만든다'? (She makes the arm.)
2 '그녀는 그 팔을 만드니?'는 (Does she make the arm?)
3 방법이 궁금할 때 쓰는 '어떻게'는 how야. (따라 해봐 How does she make the arm?)

⁴어떻게 / 그녀는 그 팔을 만드니?

how는 wh-로 시작하는 문장은 아니지만 wh-의문문에 포함돼. 이렇게 물어보는 문장은 끝부분(arm)을 올리지 않고 말해야 해. 올려 말하지 않아도 묻는 문장인 것을 쉽게 알 수 있으니까.

대답은 with the tool(screwdriver).

How / does she make the arm?

1 '나는 나의 친구를 돕는다'는? (I help my friend.)
2 '나는 나의 친구를 돕니?'는? (Do I help my friend?)

³어떻게 / 나는 나의 친구를 돕니?

How는 종종 '어떻게'가 아니라 '얼마나'를 의미하기도 하지만, 헷갈릴 것 같아서 이 책에는 넣지 않았어.

대답은 with my hand

How / do I help my friend?

1 그것들은 책들이다는? (They are books.)

² 그것들은 무엇이니?

사물이 무엇인지 궁금할 때는 what을 써서 물어볼 수 있어.

대답은 books

What are they?

²그것은 무엇이니?

대답은 a house

What is it?

1 '그녀는 그 개를 좋아한다'는? (She likes the dog.)
2 '그녀는 그 개를 좋아하니?'는? (Does she like the dog?)
3 물건이 무엇인지 궁금할 때는 what을 써. '무엇을 그녀는 좋아하니?'는 What does she like?야. (따라 해봐)

4 무엇을 그녀는 좋아하니?

그녀가 무엇을(the dog) 좋아하는지 모를 때 what을 써서 물어볼 수 있어.

대답은 the dog

What does she like?

1 '그녀는 그 개를 좋아한다'는? (She likes the dog.)
2 누가 그랬는지 궁금할 때는 who를 써. '누가 그 개를 좋아하니?'는 Who likes the dog?이야. (따라 해봐)

³누가 그 개를 좋아하니?

대답은 she

Who likes the dog?

1 '나는 그 소녀를 데려갈 것이다'는? (I will take the girl.)
2 사람이 누구인지 궁금할 때는 who를 써. '누구를 내가 데려갈 것이니?'는 Who will I take?야. (따라 해봐)

³누구를 내가 데려갈 것이니?

who는 '누가'도 될 수 있고 '누구를'도 될 수 있어. 정확히 '누구를'이라고 말하고 싶다면 whom을 써도 돼.

대답은 the girl

Who will I take?